Leselöwen

Annette Neubauer

Achtung, Feuerwehr im Einsatz!

Illustriert von Michael Böhm

Loewe

Ihre Meinung zählt!

Nehmen Sie jetzt an einer kurzen Elternbefragung des Loewe Verlags teil und beeinflussen Sie die zukünftige Entwicklung unserer Kinderbücher:

www.elternbefragung.online

Unser Kinderbuch-Newsletter bietet alle Infos zu Neuerscheinungen und tollen Veranstaltungen, exklusive Gewinnspiele und vieles mehr!

Jetzt kostenlos abonnieren: *www.loewe-verlag.de*

Inhalt

Alarm!

Der Gong ertönt.
„Ein Notruf!“, ruft Fred.
„Im Wald brennt es!
Wir müssen ausrücken!“

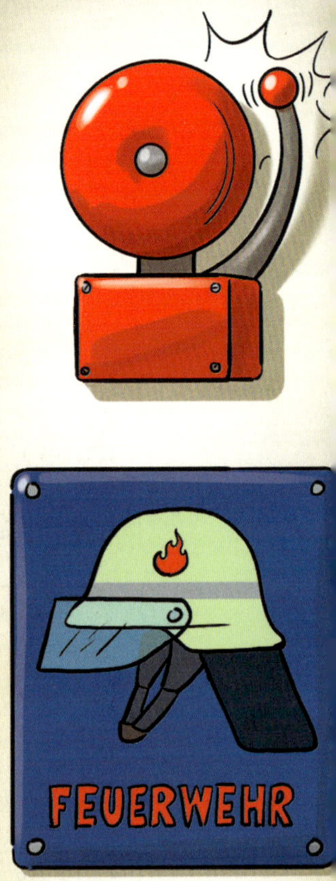

Die Feuerwehrleute lassen
alles stehen und liegen.

In Windeseile laufen sie
zu den Rutschstangen
und gleiten hinunter.

Unten angekommen ziehen
alle die Schutzkleidung an:
in die Stiefel, Hosen hoch,
Jacken zu und fertig!

Dann springen
die Männer und Frauen
in die Wagen.

Die Sirenen heulen laut auf.

Los geht's!

Fred fährt den **Einsatzleitwagen**.
Zwei **Tanklöschfahrzeuge**,
ein **Rüstwagen** und ein
Gruppenfahrzeug folgen ihm.

Per Funk verständigt Fred
die Polizei.
Die Häuser am Waldrand
müssen geräumt werden.

Flinke Hände

Nach nur wenigen Minuten
erreichen die Feuerwehrleute
den Einsatzort.

„Bodenbrand!
Die Stämme und Äste
brennen noch nicht“,
sagt Fred erleichtert.

Die Feuerwehrleute
arbeiten Hand in Hand.

Einige rollen die Schläuche aus und schließen sie an den Tank der Löschfahrzeuge an.

Andere holen Werkzeug
aus den Wagen.

Dann dämmen sie
mit Feuerpatschen und
Spaten den Brand ein.

Das Feuer wird eingekesselt

Fred hat das Kommando.
In **geduckter Haltung** geht er
mit seiner Kollegin
auf die Flammen zu.

Die beiden halten den Schlauch
fest in den Händen.
Das Wasser schießt
mit hohem Druck hinaus.

Rechts und links neben
den beiden arbeiten sich
andere Feuerwehrleute vor.

Die Masken schützen vor dem gefährlichen Qualm und Rauch.

Durch die Flammen und
die Schutzanzüge
wird es sehr heiß.

Doch niemand lässt sich
von der Hitze ablenken.
Alle halten den Wasserstrahl
direkt auf die Flammen.

Dann dreht sich Fred um
und gibt Zeichen.
Seine Kollegen nicken.
Sie haben ihn verstanden.

Gemeinsam treiben sie
die Flammen auf einen Bach zu.
Bald ist das Feuer
eingekesselt.

Die Feuerwehrleute
arbeiten ohne Pause.
Endlich sind auch
die letzten Flammen erstickt.

Der Brand ist gelöscht.
Da hört Fred
ein ängstliches Miauen.

Rettung in Not

Auf einem Ast sitzt ein Kätzchen. Plötzlich springt es auf Freds Schulter.

Fred nimmt es auf seinen Arm.
„Du hast ja ein Band mit
deiner Adresse um den Hals“,
stellt er fest.

Auf dem Weg zur Einsatzzentrale
bringt Fred das Kätzchen zurück.
Vor einem Haus steht ein Junge
und schaut sich um.

Jetzt entdeckt er Fred
mit dem Kätzchen und
läuft den beiden entgegen.

„Karlchen!
Du bist wieder da!“,
ruft der Junge.

Fred legt Karlchen sanft
in die Arme des Jungen.
Das Kätzchen schnurrt leise.

„Danke!“, ruft der Junge froh.
„Die Feuerwehr hilft gerne“,
antwortet Fred.
„Wie heißt du denn?“

„Sam! Und wenn ich groß bin, werde ich Feuerwehrmann“, sagt Sam. „So wie du!“

Fragen und Antworten

Verkehrt herum!
Wie heißt der Feuerwehrmann?

a) ☐ Derv ________________

b) ☐ Dref ________________

c) ☐ Derf ________________

Antwort: c) Fred

Wie schnell ist die Feuerwehr am Einsatzort? Kreuze an.

Nach nur wenigen …

a) ☐ Minuten

b) ☐ Stunden

c) ☐ Tagen

Antwort: a) Minuten

Wo brennt es? Bringe die Buchstaben in die richtige Reihenfolge.

D A L W A R N D

Antwort: Waldrand

Fragen und Antworten

Welches Tier findet Fred auf einem Baum?
Kreise das richtige Wort ein.

Z I E G E H U N D K A T Z E M A U S T I G E R

Antwort: Katze

Finde die drei Wörter aus der Geschichte im Buchstabengitter.

B	R	A	N	D
R	A	E	S	Z
Q	U	A	L	M
U	C	R	E	U
A	H	I	T	E

Antwort: Brand, Qualm, Rauch

Schon gewusst?

Einsatzleitwagen (Seite 12):
Der Einsatzleitwagen ist die Zentrale bei einem Feuerwehreinsatz. Von hier aus steuert der Einsatzleiter alle Maßnahmen. Er behält den Überblick und sagt den Feuerwehrleuten, was zu tun ist.

Tanklöschfahrzeuge (Seite 12):
Im Tanklöschfahrzeug bringt die Feuerwehr ihr eigenes Wasser mit. 5.000 Liter passen in den Löschwasserbehälter. So können die Löscharbeiten gleich beginnen, auch wenn kein Wasserzugang in der Nähe ist.

Rüstwagen (Seite 12):
Der Rüstwagen transportiert Geräte zum Einsatzort. Dazu gehören zum Beispiel eine Seilwinde und ein Lichtmast, damit die Feuerwehrleute auch bei Nacht arbeiten können.

Gruppenfahrzeug (Seite 12):

Das Löschgruppenfahrzeug bietet Platz für neun Feuerwehrleute. Außerdem hat es einen Löschwassertank, aber einen kleineren als das Tanklöschfahrzeug. Es rückt mit den anderen Fahrzeugen im Löschzug aus.

geduckte Haltung (Seite 20):

Rauch und Hitze steigen nach oben und erschweren die Atmung. Um das Bewusstsein nicht zu verlieren und sich vor Stichflammen zu schützen, gehen die Feuerwehrleute bei ihren Einsätzen gebückt auf das Feuer zu.

Blättere schnell um und trage die unterstrichenen Buchstaben in der richtigen Reihenfolge in die Kästchen ein!

Das Leselöwen-Lösungswort

Besuche den Leselöwen auf **www.leseloewen.de** und trage die unterstrichenen Buchstaben von den Seiten *Schon gewusst?* in der richtigen Reihenfolge in die magische Box ein.

F				

Wenn du das Lösungswort gefunden hast, kommst du auf die geheime Seite mit vielen weiteren Spielen und Rätseln!

Der **Leselöwe** freut sich auf dich!

Jetzt online!

Annette Neubauer, geboren 1963, hat schon als Kind lieber spannende Bücher gelesen, als mit Puppen zu spielen. Nach dem Abitur und Studium schrieb sie zahlreiche Kinderbücher, die mittlerweile in viele Sprachen übersetzt wurden. Heute lebt sie als freie Autorin in Köln.

Michael Böhm, 1974 in Dortmund geboren, lebt mit seiner Frau in Hamburg. Seit er ein kleiner Junge war, zeichnet er am liebsten alles, was Räder hat, und konnte das Hobby zum Beruf machen. In der Freizeit schraubt er auch gern an seinem alten Auto rum.

1. Klasse

Leselöwen

Erstes Selberlesen

Die Nr. 1 für den Lesestart

ISBN 978-3-7432-1899-4

ISBN 978-3-7432-2080-5

ISBN 978-3-7432-2078-2

ISBN 978-3-7432-2079-9

ISBN 978-3-7432-1879-6

ISBN 978-3-7432-1822-2

Loewe
Das will ich lesen!

2. Klasse

Leselöwen

Geübte Leseanfänger

Die Nr. 1 für den Leseerfolg

ISBN 978-3-7432-1897-0

ISBN 978-3-7432-1878-9

ISBN 978-3-7432-2075-1

ISBN 978-3-7432-2072-0

ISBN 978-3-7432-2076-8

ISBN 978-3-7432-1896-3

Loewe

Das will ich lesen!

1. Klasse

Leselöwen

Erstes Selberlesen

Die Nr. 1 für den Lesestart

ISBN 978-3-7432-1852-9

ISBN 978-3-7432-1853-6

ISBN 978-3-7432-1893-2

ISBN 978-3-7432-2111-6

Loewe

Das will ich lesen!